« Bien tard, je t'ai aimée,
ô beauté si ancienne et si nouvelle,
bien tard, je t'ai aimée ! »
saint Augustin

INTÉRIEURS SACRÉS

INTÉRIEURS SACRÉS

Laurence du Tilly

epa

Sommaire

140
Contemporain

186
Intemporel

Introduction

Des intérieurs en quête de spiritualité

Si la religion est culturelle et collective, la foi et la recherche de sens sont éminemment universelles et s'inscrivent dans des démarches individuelles. Un mot permet de bien distinguer la religion communautaire de cette quête personnelle : la spiritualité. Croyant ou non, religieux ou pas, nous sommes tous de façon différente touchés par la spiritualité, dès lors que nous nous demandons si notre existence a un sens ou s'il existe d'autres niveaux de réalité. La spiritualité est une forme de conscience plus large qui peut être liée à la religion, mais va au-delà. C'est une quête intérieure qui vise à comprendre notre place dans l'univers et à éveiller nos consciences. Elle nous enseigne à ouvrir notre cœur et notre esprit à l'inconnu et à accueillir ce qui vient. Elle peut être une façon d'être ou un état d'esprit.

Pourquoi parler de spiritualité en décoration ? Boostée par l'épisode Covid et la période de confinement, une nouvelle tendance a vu le jour : la maison est devenue un véritable lieu de ressourcement spirituel. Chacun de nous cherche à se sentir protégé, réconforté et serein chez soi. L'enjeu d'aujourd'hui est de faire de sa maison le refuge de son âme. On décore, on aménage son intérieur, mais au-delà de l'agencement, de la couleur et du style, c'est notre moi profond que nous soignons. Rendre beau son intérieur, c'est à dire le lieu où l'on vit, revient à embellir son intérieur intime, sa propre conscience.

Au-delà de la recherche de spiritualité et du soin apporté à nos lieux d'habitation, j'observe également un réel engouement pour les objets riches de sens. On privilégiera ceux qui ont une histoire, qui portent des valeurs communes, qui fixent des repères, qui rayonnent dans tous les sens du terme. C'est ce que symbolisent les objets de dévotion empruntés à la religion chrétienne. Aujourd'hui encore, dans l'ordinaire du quotidien, ils éveillent la conscience à l'extraordinaire de la présence. Ils remettent votre âme en vibration et procurent un sentiment de protection. Pour certains, ces objets témoignent de leur confiance en Dieu. Ainsi, depuis quelques années, les boutiques d'objets religieux tendance et déco fleurissent un peu partout.

Styliste art de vivre et designer, j'ai toujours pris un soin particulier à mettre ma passion et mes compétences au service du bien-vivre chez soi. Pour moi, un intérieur c'est avant tout un cocon, un refuge, une base, le prolongement de nous-même. Chacun de nous est unique, c'est la raison pour laquelle chaque intérieur l'est aussi. À mes yeux, une décoration réussie parle de nous, elle exprime notre supplément d'âme. L'atmosphère qui s'en dégage doit refléter une part de notre être.

Au-delà de cette perception de la décoration, j'ai toujours été passionnée par l'idée du beau qui élève. Il y a quelque chose de transcendant dans la beauté, une part d'universel. Revenir au sacré par le biais de sa décoration, c'est redonner du sens à son intérieur, c'est renouer avec le beau par la spiritualité. Profondément croyante, ce livre est aussi pour moi l'opportunité de redonner tout leur sens à ces lieux et à ces objets de dévotion, de remettre en lumière leur aspect sacré, respectable et hors du temps.

Laurence du Tilly

Page 4 : L'église Saint-Nicolas à Caen, désacralisée, est aujourd'hui un espace disponible pour des installations d'artistes contemporains. Ici, les pièces design de Laurence du Tilly font écho aux teintes éclatantes du vitrail.

Pages 6-7 : Une accumulation d'ex-voto or et argent rayonne sur ce mur décrépi et fané, témoin du temps qui passe.

Pages 12-13 : La statue de la Vierge se fond dans l'ambiance de cet appartement parisien. Elle semble être à sa place dans ce décor contemporain.

E

Élévation de la terre vers le ciel, la verticalité porte en elle des valeurs d'enfantement, de refuge, de lien et de vie. Des valeurs que nous cherchons à insuffler dans nos propres intérieurs. Les édifices religieux sont des architectures chargées de symboles, de prouesses dans l'art de construire. Elles sont dotées d'une force esthétique incroyable. Tout y est étudié minutieusement, comme leur orientation d'est en ouest qui symbolise le mouvement de l'ombre vers la lumière, de l'ignorance vers la connaissance. Pénétrer dans une église c'est être saisi par le spectacle, par l'alignement des colonnes dont le rythme visuel crée un mouvement incitant le corps à avancer vers ces rayons de soleil qui, transperçant le vitrail, se transfigurent et deviennent lumière. Cette lumière qui, transperçant l'homme, le transfigure à son tour.

Architectural

Un hommage aux anges qui veillent

Pays de la Loire, France

Souvent la vie provoque des rencontres qui la marquent. C'est l'histoire de cette ancienne chapelle située au cœur de Nantes et d'Aymeric Masson, un jeune architecte qui aspire à donner du sens à ses projets, un concepteur d'expériences, un conteur d'espace. Notre-Dame-de-Bonne-Espérance, un nom laissant présager un heureux destin ? Certainement… Néanmoins ce ne fut pas un coup de foudre, mais une lente approche, un long échange silencieux, comme pour apprendre à mieux se connaître, à se respecter. Un projet reçu avec beaucoup d'accueil et de douceur. La chapelle semblait vivante, telle une grande dame, mère de tous, réconfortante et accueillante, portant son histoire débutée à la fin du XVIIIe siècle. Entre le lieu et l'architecte, le dialogue s'instaure à travers les pierres, les éléments en place et les jeux de lumière. Pour comprendre la chapelle, il faut suivre son invitation à saisir les émotions qu'elle fait naître. La mission : faire se rencontrer et s'épouser le passé des lieux et une écriture contemporaine en recherche de sérénité et d'humilité, dans un enjeu architectural. C'est alors un récit visuel, où l'harmonie et l'équilibre sont les deux piliers principaux, qui s'écrit et se dessine. L'architecte se laisse imprégner par la magie du lieu, par son passé, par sa présence. Puis, il s'efface au nom du projet, pour mieux connecter la forme physique et ce merveilleux supplément d'âme. Il amène à hauteur de regard ce que l'œil ne percevait que d'en bas et donne ainsi à chacun la capacité de s'émerveiller. Après de nombreuses rénovations et aménagements, ce lieu reprend enfin vie. Cet appartement situé au sommet de la voûte d'ogive prend alors le nom de « Bienveillant », en hommage aux anges qui semblent veiller sur lui depuis la rosace du chœur. Reste alors à l'investir, à le meubler, à y apporter la touche finale. C'est un parti pris de sobriété qui guide l'architecte. Les teintes sont douces et neutres avec une palette allant du blanc au gris anthracite. Le noir revient sans cesse par touche, faisant écho à la structure des nombreuses verrières de l'appartement. Pour le choix des matériaux, le bois vient réchauffer l'ensemble, casser une certaine rigueur. Par endroit, des jeux de miroirs amplifient le reflet des vitraux. Il y a peu de meuble, comme pour laisser la place à l'émotion que procure le lieu !

Page 17 : Au centre de la chapelle, une immersion au cœur de notre patrimoine sacré qui invite à l'apaisement et au calme ultime. Dans le couloir, dans les pièces, de nombreux jeux de miroirs renvoient de toute part les reflets de ce décor unique.

Pages 18-19 : Éloge d'un moment suspendu, tout comme l'étage de l'appartement, conçu comme une mezzanine. La pierre, dentelée et rassurante, offre un décor époustouflant qui se suffit à lui-même.

Page 20 : La sobriété de cet espace de repos permet de s'effacer pour accueillir les variations de lumière au travers les vitraux, comme un spectacle en polychromie.

Page 21 : La pierre solide et ciselée se confronte au métal pour donner une sensation de verticalité dans ce lieu de vie hors du commun. Une invitation à poser le regard là où les espaces vous dépassent et vous prennent au cœur.

Page de droite : Notre-Dame-de-Bonne-Espérance avait été édifiée pour relier le ciel à la terre, pour accueillir et protéger ceux qui passaient sa porte. Aujourd'hui, elle s'élance revêtue de son nouveau manteau de pierre, un vêtement qui continue de donner un sentiment de bienveillance et de protection à ceux qui y pénètrent.

L'ARCHITECTURE EN ELLE-MÊME VÉHICULE
CETTE IDÉE DE LIMITATION DE L'ESPACE. C'EST UNE LIMITE
ENTRE LE FINI ET L'INFINI. DE CE POINT DE VUE,
TOUTE ARCHITECTURE EST SACRÉE.

Mario Botta, architecte et designer

Page 24 : La chambre à coucher, divinement sobre avec son lin brut et la blancheur éclatante de ses draps, invite à la contemplation et au repos sous l'œil attentif des anges, ces êtres purs envoyés par Dieu.

Page 25 : La salle de bain baignée d'un noir de Rome se fait humble. Le miroir rond, figure parfaite et symbole de l'infini, renvoie la lumière et la sobriété du décor.

Pages 26-27 : La lumière du soleil transperce et transfigure le vitrail pour rejaillir dans la chambre. Le lys de jardin, symbole de pureté et d'élection, est l'attribut de nombreux saints dans l'iconographie religieuse.

Page de droite : La nef principale et la nef transversale se croisent, donnant à la chapelle une forme de croix latine, symbole du christianisme. La nef principale, orientée d'ouest en est, permet à celui qui y pénètre de marcher des ténèbres vers la lumière.

Page de gauche:
La nef de cette ancienne église romane italienne transformée en salle de restaurant a su conserver les codes du lieu avec sobriété et simplicité.
À droite: Au Panama, sauvée de la désaffection, une chaire d'église en bois a trouvé sa place, majestueuse, contre le mur d'un restaurant.

DÉTOURNEMENT

L'église, avant d'être une œuvre d'art à admirer, un bien précieux du patrimoine culturel à conserver et un lieu aménagé pour la piété des croyants, est un signe qui nous oriente vers la contemplation des mystères de Dieu. Ce signe s'adresse à tout notre être et touche notre intelligence sensible, nos émotions et notre vie spirituelle.
C'est en cela que l'art y tient une place privilégiée. Mais un signe a toujours pour vocation d'être lisible et compréhensible.
C'est pourquoi, chaque génération de chrétien en modifie l'architecture et l'iconographie pour que le bâtiment de l'église reste, de siècle en siècle, un signe propice à accueillir les mystères divins.
Les édifices religieux prennent de nombreuses formes selon leur usage et leur histoire: églises, cathédrales, basiliques, abbatiales, chapelles… Les abbayes, monastères et couvents participent aussi à cette riche vie religieuse. Tout cela nous offre aujourd'hui des constructions remarquables en termes d'architecture, qui appartiennent à notre histoire et à notre patrimoine.
De nos jours, nombres d'édifices religieux sont désacralisés avant de subir une métamorphose plus ou moins spectaculaire qui leur offre une seconde vie.
Souvent controversée, l'acquisition de ces bâtiments permet de sauvegarder un patrimoine en danger, tout en respectant les lieux et leur histoire, et en conservant leur structure d'origine.
Une fois réaménagés, ils deviennent des lieux de vie et d'échanges où règne une atmosphère toute particulière emprunte de calme et de sérénité. Un sentiment de grandeur s'en dégage. Ainsi, le temps semble s'y arrêter et prendre une autre dimension.

À gauche :
Le cloître de cet ancien couvent italien a conservé toute sa splendeur avec sa succession de voûtes d'ogive qui amène au repos et au calme.
Page de droite :
Une ancienne église romane de Milan devient la scène de la Milan Design Week 2023. Une confrontation magistrale entre l'épure du design et la richesse de l'art sacré.

Un lien inspiré et inspirant entre passé et présent

Le Cap, Afrique du Sud

Située au cœur de la ville du Cap en Afrique du Sud, dans le très chic quartier de Gardens, cette église construite en 1904 puis abandonnée par le clergé depuis 1960, a transformé la vie de ses nouveaux et heureux propriétaires, grâce à qui elle a retrouvé ses volumes et son âme, égarée à la suite de plusieurs transformations malheureuses. Danilo et Samuela tombent sous le charme de ce lieu unique et décident alors de partager leur vie entre l'Italie, leur pays d'origine, et l'Afrique du Sud. C'est un architecte Sud-Africain, Perry Harrison-Hyde, qui supervisera la réhabilitation, en déclarant à ses clients « Que votre volonté soit faite ! ». Et c'est en accord avec eux qu'il décide de mettre à nu l'édifice afin de le révéler. Plus aéré, plus pur, plus neutre, dorénavant tout doit retourner à l'essentiel. L'âme de cette église sommeillait, il fallait seulement reprendre l'écriture de son histoire et la réinventer, créer de nouvelles circulations, une nouvelle façon de vivre en accord avec elle. Dans la démarche de rénovation, la sobriété est la ligne conductrice. Le passé et le présent se répondent avec de nouveaux aménagements contemporains, subtilement intégrés, afin de préserver la beauté inhérente à ce lieu. L'église retrouve enfin son somptueux volume, magnifiée par la lumière qui pénètre à travers ses ouvertures en ogive. La partie centrale redevient la pièce maîtresse du bâtiment, et c'est donc là, naturellement, que se trouve la pièce de vie, de rencontre et d'échange pour la famille et les amis. Au fond de cette pièce unique, métamorphosée en salon, l'architecte imagine une cuisine, la plus discrète possible. Pour séparer avec élégance ces deux espaces, il invente une double cloison en verre avec un store en bois laissant passer la lumière. L'exceptionnelle hauteur sous voûte permet de réaliser deux chambres situées aux extrémités, alors que la suite des propriétaires trouve sa place dans l'ancienne sacristie au rez-de-chaussée. Pour l'ameublement, ce sont des pièces contemporaines qui sont sélectionnées. Le choix des couleurs et des matériaux vient « réveiller » ce lieu et l'ancrer incontestablement dans la modernité. Une belle rénovation où *less is more*…

Page 35 : L'ancienne nef s'est métamorphosée en une immense pièce de vie centrale. Le bois utilisé pour la charpente et l'ossature de l'édifice est dévoilé et magnifié par une teinte blanche, couleur symbole de pureté, de sagesse et de vie.

Pages 36-37 : Le parti pris de la couleur et des formes contemporaines prend tout son éclat dans ce cocon de lumière blanche. L'atmosphère oscille entre douceur et gaieté, comme un écrin au buste de femme en terre cuite de l'artiste Mark Hipper. Les canapés en cuir brun et la table basse proviennent de chez Klooftique, fabricant de mobilier basé au Cap.

Page de droite : La porte d'entrée d'origine, signe du temps qui passe, dialogue avec l'œuvre contemporaine de l'artiste Mark Hipper. L'art, lorsqu'il a pu développer toutes ses potentialités, ouvre à quelque chose de l'ordre de la quête spirituelle, de la recherche du sacré.

INKOMAZI
FULL FAT MAAS

LA MAISON N'EST PAS UNE MACHINE À HABITER,
C'EST LA COQUILLE D'UNE PERSONNE, SON EXTENSION,
SON REPOS, L'ÉMANATION DE SON ESPRIT.

Eileen Gray, architecte et designer

DEFINETLY A NIGHT
OF MISSUNDERSTANDING

Pages 40-41 : Sobriété de la cuisine, avec ses éléments de rangement en bois peint qui sont aussi pratiques que discrets. La couleur blanche uniforme fait disparaître la pièce dans le décor. Seules les charnières noires à l'ancienne ressortent et font le lien avec le reste de la bâtisse. La rambarde de l'escalier, en métal noir également, se fait aussi discrète que le reste.

Page 42 : Campée sur son carrefour en plein centre-ville, comme en résistance, elle semble anachronique. Elle traverse les années avec son charme d'antan et ses belles fenêtres en ogive qui en disent long sur son passé.

Page 43 : À l'entrée de l'ancienne sacristie, le lavabo évoque un baptistère. Seuls les robinets nous ramènent à notre époque. Le reste du décor semble figé dans le temps, immortel.

Page 44 : Un cadre en bois avec une double cloison de verre est suspendu délicatement à la charpente par deux tiges de métal noir. À l'intérieur, entre les deux vitres, un store en bois sépare la pièce avec discrétion.

Page 45 : Entièrement décapé, le parquet d'origine a retrouvé son lustre d'époque. Par endroit, la patine du temps et les différentes couches volontairement conservées rendent hommage à plus d'un siècle d'histoire. La console épurée, le pouf recouvert de peau de vache et le fauteuil proviennent de chez Klooftique. Au mur, un portrait de femme déniché à la galerie Raz Degan à Milan fait écho au fauteuil rouge carmin.

Page de droite : Comme le souligne saint Augustin, la foi recourt au langage de l'esthétique pour évoquer la conversion au Christ.

Page de gauche :
Un immense plâtre
polychrome représentant
Marie en prière,
couronnée d'étoiles.
À droite : Marie vêtue
de sa robe d'un bleu
marial immaculé.

VIERGE MARIE

Marie de Nazareth, également appelée Vierge Marie, Mère de Dieu, Notre-Dame, Mère de l'Église, Mère de la miséricorde, Reine des cieux, Notre-Dame des Douleurs… fait l'objet d'une vénération supérieure à celle rendue aux anges et aux saints. L'Église catholique lui voue un culte tout particulier et c'est une figure connue de tous, croyants de toutes religions comme non croyants. Tous lui reconnaissent de nombreuses vertus : douceur, charité, pureté, sagesse, humilité… pour ne citer qu'elles. Généralement bleu, le manteau de la Vierge Marie est une teinte sacrée qui symbolise la pureté et la féminité. La vénération de la Sainte Vierge est probablement celle qui traduit le plus une nécessité. Il s'agit du besoin de l'être humain de pouvoir se tourner vers une figure bienveillante et compatissante, même si celle-ci prend la forme d'une statue qui tend ses mains pieuses afin d'accueillir tous ceux qui désirent venir à elle. Les effigies de la Vierge Marie permettent d'embellir les sanctuaires et les lieux de culte à travers le monde entier. Bien qu'il existe une diversité de représentations, elles expriment toutes des valeurs communes : celles de la compassion, de la gentillesse et de la bienveillance.
Il existe différentes formes de culte à la Vierge Marie, expliquant la grande variété des représentations mariales dans nos églises : Vierge à l'enfant, Vierge miraculeuse, Vierge en prière, Vierge de l'Apocalypse foulant le serpent… C'est tout naturellement vers l'une ou l'autre que le croyant se tourne en fonction de sa propre sensibilité, pour y trouver la grâce ou pour se rappeler sans cesse qu'il n'est pas seul, mais qu'une Mère aimante et bienveillante veille sur lui.
Au-delà de son aspect religieux, la figure sacrée de la Vierge Marie s'invite à nouveau dans nos maisons. Sous forme de peintures ou de sculptures, elle s'intègre parfaitement à différentes décorations et apporte une touche de douceur et de bienveillance à nos intérieurs.

Page de gauche:
En haut: La Vierge, Mère des hommes, représentée sur un globe terrestre, les bras ouverts en signe d'accueil.
Au centre: Flacon de Notre-Dame de Lourdes rempli d'eau bénite.
En bas: Une mosaïque majestueuse et colorée, à Panama City, dans la cour du Fonda Lo Que Hay, restaurant installé dans ce lieu qui fut un couvent.
Page de droite:
Un plâtre de la Vierge Marie en prière, s'applique à donner une touche de douceur protectrice à la décoration de la pièce.

L'ultracontemporain rendant gloire au passé

Saint-Trond, Belgique

Quoi de plus magique que de faire revivre un lieu de culte pour y travailler et y vivre ? C'était le rêve de Gregory Nijs, architecte de l'agence Klaarchitectuur, et de son épouse Nadia Jottard. Ensemble, ils ont œuvré à redonner vie à cette chapelle du XVIe siècle, une bénédiction pour ce couple Belge. L'enjeu de cette rénovation : préserver le bâtiment originel dans toute sa splendeur, tout en y injectant les codes du XXIe siècle qui leur sont chers, et en faire un lieu de vie hors du commun. Dès l'entrée dans la chapelle, la première impression témoigne de la réconciliation entre le passé et le futur, chaque élément du décor est magnifié dans une mise en scène intemporelle. On est immédiatement saisi par la beauté des murs et de la voûte, à la gloire d'un temps révolu. Les murs décrépis, les peintures fanées, les fissures amènent à la contemplation du lieu. Au cœur de cette magnifique enveloppe, c'est un empilement de cubes qui s'élève vers le ciel jusqu'à transpercer la toiture dans un élan parfaitement maîtrisé. Le premier « cube de vie » abrite la salle de bain, le deuxième, une bibliothèque et une salle de travail, le troisième, avec son immense baie, intègre les bureaux de l'agence d'architecture, et, au dernier niveau, une chambre et une grande salle de lecture sont aménagées sous la charpente entièrement restaurée. Dans cette chapelle classée bâtiment historique, l'installation se veut temporaire. Rien n'est définitivement ancré et tous les ajouts peuvent être enlevés sans abîmer l'église et sa structure. Au rez-de-chaussée, dans la nef, un coin salon et un espace salle à manger font face au chœur métamorphosé en cuisine, où l'imposant îlot central a succédé à l'autel. Chaque pièce de mobilier a été choisie parmi celles de grands noms du design. Des lignes singulières, contemporaines et franches viennent contraster avec la poésie fanée du lieu. Une invitation à suivre la voie de la beauté pour mieux ressentir, ouvrir les yeux et l'esprit, et s'élever spirituellement.

Page 53 : Sous la voûte d'un bleu céleste, dans le chœur de la chapelle, une cuisine volontairement épurée avec son îlot en laiton pulvérisé en lieu et place de l'ancien autel. Au fond, à la place du tabernacle, on retrouve une croix en métal noir, symbolique et sobre, dans laquelle ont été intégrés les fours.

Page 54 : Vue inversée, au fond de la nef, corps central de l'église, l'empilement des « boîtes de vie » qui s'élèvent vers les cieux avec un profond respect pour la bâtisse, jetant un pont entre le passé et le futur. Peu de meubles, le décor est l'âme du lieu.

Page 55 : Entre les murs patinés par le temps et le sol en pierre de Hainaut, foulé par tant de pèlerins, une salle à manger aux accents monacaux s'impose d'elle-même par sa sobriété et sa simplicité.

Page de droite : La porte latérale a été condamnée pour accueillir un poêle. Les colonnades de part et d'autre du vitrail, la croix et les pique-cierges contemporains de Laurence du Tilly rappellent la solennité du lieu. Les fauteuils des designers Hans J. Wegner et Francesco Rota se font face avec, au centre, les bouts de canapé en céramique *Pawn*. Face au feu, un banc en bois *Prelude* de Caroline Voet.

Pages 58-59 : Un escalier suspendu en métal noir hypergraphique, aux allures de trompe-l'œil, a été dessiné par l'architecte pour s'effacer tout en favorisant l'aspect sculptural de l'ensemble.

Page 60 : En haut du deuxième cube, un espace de lecture plongeant sur l'impressionnant volume dénudé de la chapelle. Le garde-corps en verre est ainsi invisible d'en bas.

Page 61 : Miracle architectural, la toiture de la chapelle est transpercée par la dernière « boîte de vie » et transfigure l'ensemble.

VOUS UTILISEZ LA PIERRE, LE BOIS ET LE BÉTON,
ET AVEC CES MATÉRIAUX, VOUS CONSTRUISEZ DES MAISONS
ET DES PALAIS. C'EST LA CONSTRUCTION. L'INGENIOSITÉ
EST AU TRAVAIL. MAIS SOUDAIN TU TOUCHES MON COEUR,
TU ME FAIS DU BIEN, JE SUIS HEUREUX ET JE DIS :
C'EST BEAU. C'EST L'ARCHITECTURE. L'ART QUI ENTRE.

Le Corbusier, architecte, décorateur et designer

Selon la règle de saint Benoît, il est prescrit aux communautés monastiques certaines règles visant à la stabilité. Leurs vastes maisons doivent être de la plus grande simplicité, dénudées, sans apprêts, montrant le matériau brut dans sa pleine franchise, dépouillées, comme le sont les meilleures armes, de tout ornement inutile. Un environnement propice à une vie de prière et de contemplation, une vie de silence, d'humilité et de bienveillance, une quête de solitude pour mieux se rapprocher de Dieu. Si le superflu n'a pas sa place, tout y est étudié. La disposition de chaque objet, chaque détail semble le fruit d'une longue réflexion. Dans le minimalisme, l'essentiel est le maître-mot. Il y a quelque chose de rude et d'austère dans cet art de vivre et pourtant, paradoxalement, il inspire le calme, le repos et la bienveillance.

Monacal

Une chambre d'enfant de chœur aux accents du passé

Normandie, France

C'est en chinant chez Emmaüs que la magie a opérée. Entre affection et fascination, la propriétaire est immédiatement tombée en amour pour ce tableau représentant l'Enfant Jésus : une révélation de ce que les petits enfants portent en eux dès leur jeune âge : ces facultés d'abandon, de confiance, d'émerveillement, de spontanéité et de simplicité. C'est tout naturellement que la gravure a pris place dans la chambre d'enfant et a donné le ton pour la suite de la décoration. Faire entrer des objets de la liturgie chez soi est une voie pour faire entrer du sacré dans son quotidien, afin de lui donner une certaine tonalité, une incomparable douceur. C'est aussi une porte ouverte pour prendre soin de son intériorité et faire jaillir une étincelle d'espérance. Au-delà de l'aspect décoratif, il existe, au plus profond de ces objets, une vraie présence qui touche le cœur et adoucit l'âme, suscitant l'émerveillement puis l'enthousiasme. Quel plus bel enseignement pour des enfants ? Dans ce décor ancien, au sein d'une vieille demeure, la majorité des meubles appartiennent au passé mais quelques touches contemporaines s'imposent. Les objets religieux viennent ponctuer la décoration, apporter un supplément d'âme et transmettre une émotion à l'ensemble. Le choix de la couleur des murs apporte une vraie délicatesse et semble atténuer le noir profond de certains meubles. Entre vert-de-gris et noir obscur, une harmonie s'installe. Ce chemin ne l'est pas, mais il mène au sacré. Dans tous les cas, il saura mener à la sérénité, à la joie et à l'écoute des autres.

Enfant Jésus.

Page 65 : Le tableau de l'Enfant Jésus, appelé aussi Enfant Roi ou Divin Enfant, avec son cadre Napoléon-III d'origine, semble apporter bienveillance et protection à la chambre.

Pages 66-67 : Les lits Louis-XVI en bois patinés de gris sont disposés de part et d'autre de la cheminée comme dans un dortoir. Les éléments de décoration reprennent le noir du cadre de l'Enfant Jésus.

Page de droite : Sur la cheminée, une croix en bois noircie, chinée elle aussi, côtoie une gravure de Marie protectrice et aimante avec son enfant dans ses bras.

Page 70 : Les murs de la salle de bain en béton ciré d'un noir profond et le miroir ancien en métal font, eux aussi, écho au tableau. Un crucifix Napoléon-III en bois noir et une statue de saint Pierre en bois doré ornent le plan vasque.

Page 71 : Une petite vitrine-chapelle ancienne provenant d'Inde abrite un plâtre peint de la Vierge Marie qui nous renvoie à des notions aussi positives que la douceur, la protection ou la maternité.

LA SIMPLICITÉ POSSÈDE CLAIREMENT
DES DIMENSIONS QUI DÉPASSENT LA SIMPLE ESTHÉTIQUE :
ELLE PEUT ÊTRE LE REFLET D'UNE QUALITÉ INNÉE,
INTÉRIEURE, OU LA QUÊTE D'UNE COMPRÉHENSION
PHILOSOPHIQUE OU LITTÉRAIRE DE LA NATURE DE L'HARMONIE,
DE LA RAISON ET DE LA VÉRITÉ.

John Pawson, architecte

Page de gauche : Une accumulation de chapelets, véritable tableau décoratif, qui symbolise l'intensité du nombre de prière et de gratitude égrainées. À droite : Une interprétation très actuelle du chapelet, version XL, réalisé en biscuit avec un message personnalisé au dos de la croix.

CHAPELETS

Au Moyen Âge, son nom désignait une couronne de fleurs que l'on portait lors des processions : chapelets de roses, de marjolaines et de violettes. Depuis, le chapelet est devenu un objet de dévotion religieuse, généralement constitué de grains enfilés sur un cordon circulaire. Le mot chapelet désigne à la fois une prière bien connue des chrétiens d'Occident et l'objet de piété utilisé pour guider cette prière. De ses origines, le chapelet a gardé son caractère de prière vocale et répétitive, mais il s'agit aussi d'une prière méditative. Le chapelet catholique traditionnel est composé de cinq dizaines de grains séparés par des grains plus gros, c'est le modèle le plus courant et le plus connu. Ces grains sont en matériaux d'origines diverses, souvent ordinaires (bois, os, noyaux, métal) mais parfois précieux (ivoire, corail, joyaux, perle). Il en existe de très nombreuses variantes selon le nombre de grains, la couleur, l'agencement, la croix ou la médaille. Véritable objet de piété mariale, il permet de décompter les dizaines de « Je vous salue Marie » et de « Notre Père », en se recueillant sur les mystères de la vie du Christ. Cette pratique, le rosaire, en alternant récitation et méditation, permet au priant de se sentir protégé et accompagné, à toute heure et en tout lieu. Cette prière simple, exigeante et apaisante apporte la paix, la joie et la confiance en Dieu.
Aujourd'hui, l'objet intègre à nouveau nos intérieurs, investis d'une mission esthétique et symbolique. Accrochés à nos murs en accumulation ou en version XL, ils sortent des poches et reprennent vie toujours chargés de nos intentions, vœux et prières les plus intimes.

Ci-dessus :
Seul élément de décoration dans cette chambre immaculée. La présence de ce long chapelet, tant discrète qu'esthétique, évoque l'importance de la prière et de la confiance en Dieu.
Page de droite :
Délicatement mis en scène sur la tête de lit : chapelet, cœur votif de Marie et croix ancienne, en signe de protection.

Un havre de paix sur le chemin de Compostelle

Occitanie, France

Mais pourquoi ? Cette question revient sans cesse pour tous ceux qui, un jour, décident de se lancer sur le chemin de Compostelle. Bien souvent, il y a les raisons affichées, mais aussi celles plus secrètes, plus intimes. Parfois, elles se révèlent au fil des pas, des difficultés, des rencontres qui jalonnent le chemin. Les instants propices à la réflexion, à la méditation, ou tout simplement à la contemplation, traversent ce cheminement physique et intérieur pour apporter sérénité et bien-être de l'âme. En 2021, alors qu'ils marchent en famille sur la via Podiensis menant à Saint-Jacques-de-Compostelle, les vies de Christèle Ageorges, styliste renommée, et de son mari, Hubert Delance, prennent un nouveau tournant, telle une évidence. Ils font une halte dans la petite ville de Lectoure et ne la quitteront plus. Loin des pressions de la vie parisienne, le rythme lent de la marche leur aura permis de renouer avec le bonheur des choses simples. Ils tombent amoureux d'une ancienne bâtisse qui ne demande qu'à revivre et décident d'en aménager une partie pour y recevoir les marcheurs en route pour Compostelle. C'est ainsi que naît le Gîte Pèlerin : leur propre pierre sur ce chemin.
À l'image de Christèle, ce lieu est une ode à la beauté et à la simplicité, se situant à mi-chemin entre un monastère et un couvent de jeune fille. Ici, rien n'est superflu : il s'y déploie l'essentiel dans sa plus pure expression. L'ambiance générale est brute, avec des murs à la chaux d'un blanc immaculé. Tout y est à sa place ; à la fois sobre et majestueux. Rien ne manque, tout est pensé pour celui qui pénètre dans le lieu, chaque intention est aussi délicate qu'esthétique. La poésie dialogue avec la rigueur d'un style résolument monacal et, le temps d'une nuit, cet ermitage vous accueille, vous transporte, vous réconforte, vous amène au calme ultime pour mieux reprendre la route le lendemain.

Page 77 : C'est dans l'ancienne cave de la Manufacture Royale de Lectoure que cet espace a été aménagé pour recevoir les marcheurs. Ils se retrouvent autour de cette imposante table et ses bancs du XVIIe siècle, dans la pièce principale d'une absolue sobriété.

Page 78 : Ce chapelet géant en provenance d'Italie, *Bella Ciao*, se détache sur le mur de pierre et rappelle aux pèlerins le sens de leur démarche.

Page 79 : Ce prie-Dieu Napoléon-III a été trouvé dans la rue par Christèle. Il avait un petit écriteau « Prenez-moi », un clin d'œil au destin.

Pages 80-81 : Au bout de la salle à manger, un espace salon où l'on retrouve la patte de l'hôtesse : un mélange de style alliant modernité, simplicité et délicatesse.

Page de droite : Les boiseries du gîte proviennent d'un monastère des Landes, cadeau du moine ébéniste en charge de fabriquer les nouvelles menuiseries de l'église.

Pages 84-85 : La cuisine est volontairement sobre et dépouillée, on y trouve juste l'essentiel. Des draps anciens en lin trouvent une deuxième vie sous le plan de travail en bois blanchi, patine du temps qui passe. Sur la droite, un banc d'église est là pour accueillir la fatigue des marcheurs.

Page de droite : Ce banc a fait renaître l'ancienne poutre maîtresse de la charpente de la maison principale dans laquelle il a été taillé. Sur une table de vigneron chinée, une belle miche de pain à l'ancienne pour restaurer les marcheurs avant le départ du matin.

Pages 88-89 : Avec une volonté affirmée de mêler l'esthétique au pratique, des paniers sont mis à la disposition des marcheurs. Ainsi chacun pourra y déposer, à son arrivée, son épuisement et son équipement.

Pages 90-91 : Pour le repos, comme dans les cellules de pensionnat, chaque petit lit en fer noir est séparé de l'autre par un rideau en drap de lin blanc. Chaque pèlerin a sa liseuse : des lampes en porcelaine blanche suspendues au bout d'un fil tressé à l'ancienne.

LA SIMPLICITÉ EST LA SOPHISTICATION SUPRÊME.

Léonard de Vinci, peintre et architecte

Page de gauche:
À la recherche d'une certaine forme d'épure et de spiritualité actuelle, cette version contemporaine transmet des valeurs de simplicité et de verticalité.
À droite: Des formes contemporaines mêlées à des candélabres anciens, et toujours cette douce présence qui relie le ciel à la terre.

PIQUE-CIERGES

Loin des cantiques et des odeurs d'encens, les pique-cierges et autres candélabres d'église s'offrent une nouvelle vie dans nos intérieurs, y apportant la sérénité. Silence, moment suspendu, émotion: l'art de vivre se mêle à la spiritualité. Ils ne sont plus cantonnés à leur fonction première d'éclairage mais sont utilisés comme sources lumineuses indirectes afin de créer une atmosphère enveloppante, apaisante et ressourçante. Qu'ils soient en bois peint ou en métal travaillé, patinés par le temps ou contemporains, ils retrouvent une place dans nos maisons, inspirent des scénographies personnelles qui réchauffent les ambiances et les cœurs.

Objets de décoration à part entière, ces pique-cierges trouvent leur place dans une entrée, un couloir, adossés à un canapé, devant une cheminée, sur une marche d'escalier ou encore au pied d'une baignoire. Ils peuvent être placés facilement où bon vous semble et s'intégreront aisément à tout décor. Trônant fiers et droits, ils pourront rester seuls ou être déclinés à plusieurs en jouant avec des tailles et des styles différents. Chargés d'émotion et d'histoire, emprunts de spiritualité, ou dénués de toute évocation religieuse, ils font visuellement beaucoup d'effet et imposent une atmosphère singulière ou apaisante *ad libitum*…

Ci-contre et ci-dessous :
Différentes époques,
différentes interprétations
du pique-cierge,
avec en fil conducteur
cette blancheur éclatante
qui appelle au calme
et à la sérénité.
Page de droite :
Deux pique-cierges
anciens apportent
une certaine
solennité à l'entrée
de ce *palazzo* italien.

Vivre à la campagne est avant tout une invitation à regarder autour de soi, à s'élever, à s'émouvoir, à percevoir la nature avec un œil nouveau. Cette nature est essentielle et s'offre à notre contemplation, nous permettant, plus que de nous sentir vivant, de nous relier à la terre pour mieux nous reconnecter au ciel. La nature devient alors un tremplin pour retrouver une verticalité spirituelle perdue au détriment d'une horizontalité matérielle. Ce rapport de respect avec la nature nous permet de renouer avec le cours du temps, le cycle des saisons et d'apprendre à nouveau la patience et la lenteur. C'est un autre rapport au temps mais aussi à l'espace. C'est la conscience d'une vie universelle et sacrée, basée sur un mode de vie plus sain et respectueux de la nature et du vivant. Un retour à l'essentiel, à l'autre et à soi-même.

Campagne

Un intérieur solennellement théâtral

Bourgogne-Franche-Comté, France

C'est très jeune qu'Alain Fassier se découvre une passion pour l'art sacré. C'est une révélation lorsqu'à vingt ans, sa grand-mère lui offre le portrait à l'huile d'un grand-oncle prêtre. Plus tard, il devient antiquaire et, toute sa vie, il cherchera des objets d'art religieux. Pour lui, les églises sont les musées de l'époque. C'est là qu'il a fait son éducation artistique et trouve sa principale source d'inspiration. D'une maison à l'autre, la litanie des lieux de vie d'Alain Fassier est amusante pour qui sait voir les signes du destin. Sa première demeure, qu'il a aménagée et décorée avec sa femme Claude, se situait rue de l'Église, face au presbytère. Ils déménagent dans le Perche, dans un village nommé Maje, et s'installent à nouveau face à l'église. Ils quittent alors la région pour acheter un pensionnat religieux de jeunes filles qu'ils revendent pour acquérir, enfin, un presbytère abandonné en Haute-Saône. Ils redonnent vie à la bâtisse délaissée qui devient alors scène d'expression de leur dévotion pour cet art, comme un cabinet de curiosité, et l'occasion de donner corps à leur univers si personnel. C'est un trésor de pièces toutes plus originales et singulières les unes que les autres. Chacune porte en elle son histoire qui rejaillit sur celui qui sait apprécier. Mais au-delà de la beauté de ces pièces, ce sont l'accumulation et la mise en scène qui donnent toute sa force à cette décoration. Croyant mais avant tout sensible à l'esthétique, Alain est conscient de ce que chaque objet distille chez lui comme sentiment de sérénité, de ressourcement, de recueillement, d'éveil à la foi. « Ce qui était sacré pour les générations précédentes reste grand et sacré pour nous », voilà pourquoi ces antiquités se doivent de continuer à vivre dans les intérieurs d'aujourd'hui. La beauté, présent d'un jour que le ciel envoie à celui qui veut bien voir.

Page 99 : Sur fond d'un bleu céleste, la statue, en bois doré et polychrome, de Marie-Madeleine en contemplation devant le Christ, rayonne. Les pique-cierges en bois doré du XVIIIe apportent une certaine solennité à la scène.

Pages 100-101 : L'ancien autel d'église venu de Franche-Comté, massif et imposant avec ses peintures marbrées, met en lumière une suite de statues et de bas-reliefs en pierre, certains datant du XIIe siècle. Au mur, une galerie de portraits religieux, dont celui représentant le grand-oncle curé du propriétaire. L'auteur des deux peintures a reçu le prix de Rome pour la beauté et la force du regard de ses représentations du Christ.

Page de droite : Cette armoire de sacristie, travail autrichien, révèle un magnifique décor de Sacré-Cœur peints en rouge sur fond bleu. Sur le meuble, une statue de l'évêque saint Nicolas, veille sur la pièce. À droite, un pique-cierge de procession telle une lanterne pour guider les pèlerins.

Page 104 : Des crucifix du XVIIe et XVIIIe siècle, en bois de tilleul et de chêne, s'intègrent parfaitement au décor tout en amenant à la contemplation.

Page 105 : La chambre à coucher, d'une beauté dépouillée, apporte une parenthèse de calme et invite au repos.

LA FONCTION DE TOUT ART EST DE BRISER
LE CERCLE ÉTROIT ET ANGOISSANT DU FINI DANS
LEQUEL L'HOMME EST ENFERMÉ TANT QU'IL VIT
ICI-BAS, ET D'OUVRIR COMME UNE FENÊTRE
À SON ESPRIT ASPIRANT À L'INFINI.

Pie XII, pape

Page de gauche : De jolis bénitiers en porcelaine de Paris d'un blanc pur, agrémentés de fins décors à l'or jaune. À droite : Des anges surplombent ce bénitier ancien du XIXe siècle en guise de protection et d'accompagnement.

BÉNITIERS

Un bénitier est un vase, un bassin contenant de l'eau bénite à l'entrée des églises catholiques. La tradition veut que chaque personne pénétrant dans ce lieu trempe les doigts de sa main droite et se signe en se marquant de cette eau, symbolisant ainsi son appartenance à la communauté chrétienne et élevant son esprit vers Dieu. À l'origine, les bénitiers des églises chrétiennes étaient de véritables piscines où l'on se lavait les mains et les pieds avant de pénétrer à l'intérieur. C'est aux IXe et Xe siècles qu'ils ont changé de forme. Ils deviennent alors larges et peu profonds et remplacent les bassins consacrés aux ablutions des fidèles. Souvent en pierre de taille avec un intérieur en marbre ou en albâtre, le bénitier peut reposer sur un socle, ce qui en fait un objet mobilier, ou être incorporé à la construction, solidement scellé à un mur ou un pilier. Dans les églises baroques, les bénitiers peuvent être richement décorés. En revanche, ils sont de facture plus modeste dans les églises récentes. Il existe aussi des petits bénitiers à usage domestique, les bénitiers de chevet accrochés aux murs des maisons, le plus souvent dans la chambre à coucher. À la maison, le bénitier n'est pas seulement un objet religieux de décoration : il a avant tout le rôle utilitaire de contenir de l'eau bénite. Cette eau n'est pas là pour apporter de la fraicheur, mais possède une qualité surnaturelle pour les chrétiens. Avant d'être délaissés, les bénitiers d'intérieur étaient autrefois présents dans de nombreuses pièces chez tous les pratiquants. De nos jours, leur finesse et leur délicatesse les font entrer à nouveau dans nos maisons par le biais du beau et de la décoration. Ce sont majoritairement des petites pièces : en les accumulant, ils reprendront toute leur force visuelle.

Ci-contre et ci-dessous: Un ancien bénitier d'église en marbre se fait aujourd'hui réceptacle pour une mise en scène décorative de boules de Noël vintages. Seul ou en accumulation, le bénitier retrouve sa place au cœur de la décoration.
Page de droite: Un immense coquillage appelé « bénitier » en hommage à la fonction qu'il avait de contenir l'eau bénite. Aujourd'hui, sa pêche est interdite.

Art sacré et mythologie, une décoration en quête de sens

Normandie, France

C'est dans la campagne du bocage normand, en plein cœur du Pays d'Auge, qu'après trois ans de recherche, Caroline et Thierry Pic décident de s'ancrer. Normands de naissance expatriés à Paris, ils cherchaient un lieu calme, apaisant et silencieux où se ressourcer. Là encore, c'est une histoire de rencontre, de clin d'œil du destin. Chaque jour Thierry prenait son train à la gare Saint-Lazare, patron des lépreux. Alors quand on lui propose cette petite maison au bout du chemin de la Léproserie, le charme est à l'œuvre ! Après de belles rénovations et agrandissements, ils s'installent dans ce qui va devenir leur paradis.

Depuis toujours, Thierry est fasciné par les églises et l'art religieux qui s'y trouve et en découle – statuaire, peintures, étoffes… tout l'attire et fait sens à ses yeux.

Il chine depuis des années des pièces qui, jusqu'à une certaine époque, n'intéressaient pas grand monde. Une fois en place dans son intérieur, ces objets reprennent vie et apportent l'ambiance qui résonne profondément en lui. Il joue alors l'accumulation : peintures, statues, croix, ex-voto, bustes et autres merveilles côtoient d'autres passions, celles de l'antique et de la mythologie. C'est ainsi que le mélange des styles se fait et que la magie opère. Rendre beau son intérieur, son lieu de vie, revient à embellir son intérieur au sens de notre conscience. Tous ces objets hérités de notre passé, investis d'une certaine « mission », continuent à œuvrer au fil du temps même sans que l'on en ait conscience. Ils apportent un vrai supplément d'âme à notre maison.

Tout ici est très incarné. Ce sont avant tout des regards, des postures qui traduisent une humanité pleine de mystère. Le reste de la décoration est assez classique.

Les canapés, tables et autres assises se veulent discrets, comme pour ne pas perturber les échanges silencieux entre bustes, statues et portraits. Et, comme disait Alfred de Musset, « Frappe le cœur, c'est là qu'est le génie ».

DANS TOUT CE QUI SUSCITE EN NOUS LE SENTIMENT PUR ET AUTHENTIQUE DE LA BEAUTÉ, IL Y A RÉELLEMENT UNE PRÉSENCE DE DIEU. IL Y A PRESQUE UNE INCARNATION DE DIEU DANS LE MONDE, DONT LA BEAUTÉ EST SIGNE.

Simone Weil, philosophe

Page 111 : Le buste en pierre du Christ, sur son socle en poirier Napoléon-III, nous traverse de son regard divin sous l'œil bienveillant de saint Joseph portant l'Enfant Jésus.

Page 112 : Une immense table de monastère en bois occupe l'espace de la salle à manger. Une croix ancienne en zinc et des cierges se mêlent aux fleurs fraîches du jardin, sous le regard de deux portraits, celui d'un curé de campagne et celui de sa servante.

Page 113 : La maison est une ancienne ferme au cœur de la campagne normande. Autour, la végétation maitrisée rappelle les jardins de curé.

Pages 114-115 : Nombre des colombages ont été évidés de leur torchis pour laisser place au verre et accueillir la lumière qui éclaire les statues grecques et les sphynx en plâtre gris. Sur la table basse, une croix de cimetière ancienne est déposée.

Page de droite : Entre la cuisine et la salle à manger, une accumulation d'objets de dévotion : un saint François d'Assise domine un bronze du Christ pendant sa passion, un plâtre peint de Jésus rayonnant et une interprétation contemporaine mexicaine du cœur battant de Jésus.

Pages 118-119 : Sur le buffet de la salle à manger, entre les bustes de Diane chasseresse et d'Hermès de Praxitèle, le portrait d'une religieuse, sainte Jeanne de Chantal, ainsi que des bibles et missels anciens en latin. L'ensemble contraste avec la blancheur des bustes gréco-romains.

Page 120 : Un coussin de messe délicatement brodé et garni de crin de cheval se fond dans la bouclette contemporaine de ce fauteuil Louis-XVI.

Page 121 : Dans la chambre, tout comme dans le reste de la maison, les styles se répondent tout en harmonie. En fil rouge, cette série de gravures et de peintures religieuses au mur.

Page de droite : Un décor de théâtre ancien représentant un détail du plafond de la chapelle Sixtine avec le prophète Isaïe. Son cou émerge de sa robe rouge et bleu-vert qui symbolise la foi, l'espérance et la charité. Le livre à moitié fermé signifie qu'écouter la voix est plus important que de lire le livre.

Page de gauche :
Dans cette cheminée, les bougies apportent chaleur, douceur et présence, comme le ferait un feu de bois.
À droite : Des bougies blanches dotées de petits bijoux dorés deviennent ainsi de véritables accessoires de décoration.

BOUGIES

Le cierge appartient à la fois à la liturgie et à la dévotion privée. Autrefois, à la chandeleur, les cierges étaient bénis avant la messe commémorant la purification de Marie, puis emportés par les assistants et conservés chez eux à portée de main. Dans l'Europe entière, ils servent « d'assurance tout risque », étant présumés capable de parer tous les dangers. On les allume alors en de nombreuses circonstances, en cas d'intempéries… en signe de protection divine. Ces cierges sont indispensables également lors de nombreuses cérémonies : mariages, vœux, inhumations…
Lorsque le cierge est allumé, la lumière et la cire blanche rappellent la foi de Jésus Christ face aux ténèbres.
Les cierges d'église, depuis 1620, doivent être blancs et seule la cire d'abeille est liturgique. Dans de nombreuses traditions et dans le monde entier, l'abeille est aussi un symbole sacré et divin.
On dit qu'elle est la messagère de Dieu.
Le cierge, véritable objet de dévotion appartenant à notre quotidien, fait le lien entre le priant, sa demande et le ciel. Même aujourd'hui, sa symbolique est toujours bien ancrée, bien que ce ne soit pas toujours conscient. À la maison, rien de telles que les soirées à la lueur d'une flamme qui vacille pour décompresser de sa journée et se laisser envahir par le calme et par cette chaleur vivante et enveloppante. Quelle que soit l'heure de la journée et la pièce de la maison, une bougie qui brûle instaure des petits moments de calme, de solitude et d'introspection où le temps s'arrête, où l'on fait pleinement le point le temps d'un instant de méditation.
La flamme qui se consume paraît comme une douce présence et apporte alors ce petit supplément d'âme qui fait toute la différence.

Ci-dessus et ci-contre :
Ces cierges blancs
accumulés et allumés
participent au décor
et rappellent les
ambiances enveloppantes
et rassurantes
des lieux de culte.
Page de droite :
La simple lueur
de ces deux bougies
permet de donner
à l'ensemble une
délicatesse poétique.

Une villa solaire, immaculée

Salento, Italie

Villa Monika est le nom donné par Lello Elia à cet héritage familial situé dans le sud des Pouilles, afin de rendre hommage à la tante qui l'a élevé. Une demeure construite en partie dans les années 1800 puis remaniée et agrandie au début du siècle dernier dans le goût de l'époque. Elle conserve les lignes et les contours des anciennes résidences blasonnées du Salento, une architecture solaire inondée de blancheur. Ses volumes en ogive, typiques des vieilles maison des Pouilles, accueillent avec sobriété et élégance le mobilier du passé, chargé de l'histoire familiale. À l'intérieur de cette villa, tout rappelle la *dolce vita* qui a bercé ses occupants depuis des générations. La lumière traverse les pièces tout au long de la journée et baigne le décor d'une grande douceur. Pas de décoration ostentatoire mais une unité de blanc pour les murs, les tissus d'ameublement, les rideaux et les porcelaines qui composent le décor… tout amène à la sérénité et au calme. Il y a néanmoins une certaine rigueur dans la mise en scène : la symétrie du placement des objets qui dialoguent les uns avec les autres et l'accumulation des pièces dans un esprit de collectionneur sont maîtrisées et ne laissent rien au hasard. Par-ci, par-là, sont distillés avec discrétion mais conviction, des objets de dévotion, statues, tableaux, candélabres d'églises… À l'image de beaucoup d'Italiens, Lello a un profond respect pour la religion. Croire et aimer sont, selon lui, deux forces immenses. Elles représentent deux conditions essentielles, celles qu'il a mises à la base de sa vie et de son engagement à faire renaître cette maison. L'art sacré le fascine, non seulement pour ce qu'il symbolise, mais aussi pour sa capacité élégante et singulière à remplir l'espace.

Page 129 : La cuisine a conservé toutes les traces du passé. Au mur, les accumulations de casseroles en cuivre côtoient un tableau de Mère à l'Enfant et un plâtre peint du Christ rayonnant.

Page 130 : La blancheur éclatante du décor met en valeur le mobilier en bois foncé du début XXe. Là encore, deux bougeoirs d'église viennent apporter du sens à la décoration.

Page 131 : Au cœur d'une végétation centenaire et luxuriante, la terrasse a, en son centre, une collection de bougeoirs, pique-cierges et candélabres d'église, disposée sur une table nappée de blanc comme sur un autel.

Page de droite : Dans le vaisselier, s'alignent des séries de pièces en porcelaine blanche. L'accumulation et la répétition donnent une force à ces pièces somme toute assez simples.

Page 134 : Dans la chambre, un immense lit à baldaquin, avec son voile de lin blanc, forme un cocon intime et rassurant.

Page 135 : Sur la commode de la chambre, une accumulation de verreries et d'objets religieux : un grand plâtre polychrome de saint Antoine de Padoue tenant dans ses bras l'Enfant Jésus, trône en signe de protection.

LE MONDE A BESOIN DE BEAUTÉ POUR NE PAS TOMBER
DANS LA DÉSESPÉRANCE. LA BEAUTÉ, COMME LA VERITÉ,
C'EST CE QUI MET LA JOIE AU CŒUR DES HOMMES, C'EST CE FRUIT
PRÉCIEUX QUI RÉSISTE À L'USURE DU TEMPS, QUI UNIT LES
GÉNÉRATIONS ET LES FAIT COMMUNIER DANS L'ADMIRATION.

saint Paul VI

Page de gauche :
Un plâtre peint
du Christ rayonnant,
à la robe et au
cœur d'un rouge
pourpre, se tient,
majestueux,
au centre d'une
mise en scène
contemporaine.
À droite : Vierge
bretonne en bois
sculpté, début
du XXe siècle.

STATUAIRE

Les statues nous permettent de concrétiser un lien à la fois spirituel et affectif avec celui ou celle qu'elles représentent. Elles offrent ainsi une source de réconfort spirituel pour les croyants. Les statues et statuettes sont, non seulement, des signes pour notre foi, mais elles nous apprennent également l'histoire de l'Église. Dans les premiers siècles, elles avaient une vertu pédagogique, elles servaient de catéchisme en image pour un peuple qui ne savait ni lire, ni écrire. Depuis le XIXe siècle, de nombreux saints canonisés par l'Église sont venus rejoindre leurs prédécesseurs des premiers temps du christianisme : citons, entre autres, sainte Thérèse de l'Enfant-Jésus et le Curé d'Ars. Aujourd'hui, certaines d'entre elles investissent nos maisons et prennent une place de choix dans notre décoration. Au-delà de leur identité religieuse, c'est leur beauté qui nous séduit, la grâce d'une posture, l'intensité d'un regard, la magie d'un drapé, la douceur d'une patine… Elles sont dans nos intérieurs, une référence et une présence.
Selon qu'elles soient statues, statuettes ou figurines, elles se déposent au sol, sur un socle ou un meuble, seules ou à plusieurs. En retrouvant leur place dans notre intimité, elles nous racontent une histoire et nous procurent la sensation d'être en agréable compagnie. L'émotion qui émane de chacune d'elles apporte sérénité et harmonie.

Ci-contre et ci-dessus : Sainte Thérèse de l'Enfant-Jésus avec sa robe brune, tenant sur son cœur un crucifix et un bouquet de rose, symbole de l'amour éternel (en haut à gauche). Une Vierge contemporaine dans l'atelier de l'artiste Sandrine Tortikian (en haut à droite). Un petit angelot polychrome en porcelaine (en bas). Page de droite : Une Vierge à l'enfant posant un regard de bienveillance, d'amour et de protection.

L'essence d'un décor contemporain est de mélanger de nombreux styles. Il puise son originalité dans sa constante évolution. Même s'il a sa qualité propre, un décor, pour être d'aujourd'hui, se doit de faire référence à la mode. Alliant l'esthétique au fonctionnel, la déco contemporaine se pare de lignes franches, de matières brutes ainsi que de tons neutres ponctués de petites touches de couleurs flashy. La tendance est aux espaces simples et dégagés, aux lignes épurées et aux accents artistiques. Les meubles et accessoires de décoration deviennent ornementaux. L'art sacré du passé y trouve alors naturellement sa place. Il est appelé à rejoindre notre art d'aujourd'hui car tout homme a besoin de se rattacher à quelque chose de tangible, qui le guide et le rassure, comme un support, un lien physique entre le visible et l'invisible.

Contemporain

L'accumulation en guise de contemplation

Provence-Alpes-Côte d'Azur, France

Designer et styliste franco-libanais, Mitri Hourani est né en Côte d'Ivoire, ce qui lui vaut un profil multiculturel d'une grande richesse. Son enfance en Afrique où la récup' est inscrite dans le processus de création l'a bien sûr influencé, tout comme sa passion pour les luminaires, souvenir d'une jeunesse passée dans un Liban en guerre où la bougie palliait le manque d'électricité. Avec sa marque Boboboom, il détourne et réinvente les objets de notre quotidien avec élégance et fantaisie. Chineur, brocanteur, antiquaire et scénographe sont autant de mots qui pourraient le qualifier. Il aime travailler les objets qui appartiennent à la mémoire collective, venant du passé ou nous le rappelant. Pour créer, il récupère des objets et des matières puis les fait renaître sans dénaturer leur fonction et leur essence. Passés par ses mains, textiles désuets, meubles rustiques ou luminaires kitchs deviennent ultratendance sans perdre la charge poétique qu'ils dévoilent. Mitri Hourani retravaille les styles, il refaçonne des objets existants. Il aime raconter des histoires, inviter à entrer dans son monde, un univers où l'imagination est sans cesse sollicitée, avec pour objectif de susciter de l'émotion. Artiste éclairé, la lumière reste son terrain d'expression privilégié. Globe-trotteur, ses nombreux voyages sont source d'inspiration. Il ramène dans ses valises de nombreux coups de cœur pour enrichir sa collection personnelle d'objets sacrés : des Vierges, des saints, des tableaux et tant d'autres trésors provenant de Syrie, d'Égypte, du Liban, d'Athènes, des États-Unis… Sa prédilection va aux représentations de la Vierge : il en possède près de quatre cents. Cette femme, connue de toutes les religions monothéistes, mère de tous, lui inspire calme, sérénité et vient parler à ce petit enfant au fond de lui. Il lui voue une adoration particulière et tendre. Son loft est à la fois cabinet de curiosité, réserve de théâtre, annexe de brocanteur, sacristie, galerie d'art. Tout s'y entremêle dans une cacophonie totalement maitrisée et créative.

T.E.R.
Trains pour Études Réussies.
Le CARNAVAL
DE
SAINT-RéMY

Page 143 : Sur les étagères, une incroyable accumulation de Vierges en provenance de tous les pays visités par le propriétaire aux quatre coins du monde.
Chacune d'elles veille sur la maison et sur ce Pinocchio suspendu au milieu des carcasses de lampes en devenir.

Pages 144-145 : Sur la mezzanine du loft, tous les espaces thématisés se succèdent : collection d'armoires à pharmacie, cadres en série, bibliothèque… En bas, une immense croix provençale jouxte un Christ sauveur rentrant à Jérusalem pour Pâques, rapporté de Pologne.

Page de droite : Sous la console rouge, un tableau peint dans les années 1930 et venant d'Europe de l'Est. Il met en scène une Vierge réinterprétée avec une coupe à la charleston penchée sur son Enfant Jésus.

BIAFINEACT

Page de gauche :
Pour la salle
de bain, un immense
ex-voto en forme
de cœur se fait miroir.
Page de droite :
Un ex-voto de cœur
rayonnant, figure
très représentée
aujourd'hui, est
installé sur la
porte comme pour
signifier sa présence
protectrice.

EX-VOTO

Un ex-voto est une offrande votive faite à un dieu en demande ou en remerciement d'une grâce. Ces objets peuvent prendre de multiples formes et être réalisés dans de nombreux matériaux. Dans la religion chrétienne, il s'agit principalement de plaquettes de métal estampées, de tableaux, de petites inscriptions sur plaques de marbre mais aussi, selon les régions et les sujets des prières, d'objets en lien avec la grâce accomplie : cœur, œil, poumon, main… L'ex-voto n'a d'autre valeur que celle qui lui est accordée par le sens qu'on lui donne. Qu'il soit une fine sculpture de marbre ou un simple tesson, il n'est jamais que symbole et n'a d'autre singularité que celle qui tient à sa fonction. Il prend des formes très diverses car, en matière de vœux, tout peut être offert. Telles des amulettes de protection, les ex-voto envahissent nos intérieurs et leur intérêt votif devient également décoratif.

Accrochés au mur, seuls ou à plusieurs, sous cloche ou scénarisés comme dans un cabinet de curiosités, les ex-voto se veulent rassurants, comme autant de porte-bonheurs qui veilleraient sur nous et nos maisons. Leur beauté et leur puissante symbolique attirent autant les croyants que les non-croyants. Si, pour les catholiques, les ex-voto sont associés à la prière, les non-croyants les achètent à la fois pour leur beauté inspirante et leur forte symbolique : rien de plus parlant que l'amour, la gratitude, la confiance et l'espérance. Un objet de décoration qui permet de se raccrocher à l'essentiel et d'imaginer un avenir meilleur. En métal doré ou argenté, en plâtre brut ou peint, brodés ou dessinés, ces objets de piété, comme les livres ou les fleurs, participent à créer l'âme de la maison.

Ci-contre :
Un ex-voto de la marque Boncoeur représentant un ange incrusté sur une plaque en métal.
Page de droite :
Une décoration incarnée et personnelle avec une accumulation d'ex-voto et d'objets pieux, se mélangeant à des tableaux et des photos en noir et blanc.

« L'Instant », une empreinte de lumière

Pays de la Loire, France

Cette ancienne chapelle abandonnée, située en plein cœur de Nantes, dans le tumulte de la ville, va reprendre vie grâce à Aymeric Masson. Architecte connecté, il a pour vocation de redonner ce qu'il a reçu en le matérialisant.
Son écriture est singulière, pleine de sens, elle tend à faire voir le beau, l'amour, le partage pour emmener les gens vers le haut. Pour lui, l'art est une voie parallèle et transcendante, à l'image de la foi.
L'enjeu de ce projet hors du commun était de réconcilier la chapelle avec son temps, de la réveiller et de lui redonner vie dans le monde d'aujourd'hui. Par un long dialogue intérieur avec elle, il redonne corps à celle qui n'était plus qu'un squelette, la revêt de son plus bel habit pour la reconnecter avec son énergie originelle de bienveillance, d'accueil, de protection et de bonté. Il laisse l'espace s'exprimer, il sait attendre autant qu'entendre. Avec lui, et c'est sa signature, tout démarre par des esquisses. Car c'est le dessin qui met au monde, donne aux ombres de la profondeur et guide la lumière et les regards. Au-delà d'un lieu, c'est un moment qui se crée, un instant en accord avec soi-même.
Situé au même étage que le « Bienveillant » sur l'axe vertical qui mène à la pointe de la chapelle, l'appartement « L'Instant » semble figé dans le temps avec sa symétrie solennelle. À la fois contemporain et intemporel, ce lieu devient un espace changeant rythmé par la lumière.
Un cocon de calme ultime, un refuge isolé où le temps rencontre la matière et où le repos du corps côtoie celui de l'esprit. Pour prolonger ce sentiment de silence et d'élégance, l'ambiance est volontairement douce, grâce au choix de teintes neutres et lumineuses, signes de calme et de pureté. De nombreuses verrières cloisonnent l'espace sans empêcher la lumière de diffuser ses rayons.
On y trouve peu de meubles mais ils sont bien choisis : leur forme et leur teinte sobres s'accordent à l'ensemble de façon harmonieuse, sans prendre le pas sur l'ambiance générale.

Page 153 : Des matériaux authentiques et sobres habillent ce généreux salon qui plonge sur le haut des ogives de la chapelle. Sa terrasse intérieure, suspendue, amène à une contemplation unique et intime.

Pages 154-155 : La cuisine siège au centre de l'espace de vie. Une verrière ultracontemporaine, rythmée par des lignes graphiques, cloisonne l'espace sans perturber l'esprit d'unité de la décoration. La suspension en tube DCW diffuse sa lumière sur tout l'espace.

Page de droite : Parti pris de teintes sombres et sobres pour laisser la lumière jaillir au centre de la pièce.

Page 158 : La rosace de la chapelle, grand vitrail rond, s'impose majestueusement comme décor principal de ce salon contemporain. Le dialogue des styles est omniprésent, comme une affaire d'équilibre brisant les codes.

Page 159 : Une perspective hors du temps qui invite à marcher vers la lumière.

ferm

Pages 160-161 : Un décor
à la croisée de l'atelier et du refuge.
Dans le couloir qui invite à avancer
vers les trois ogives de la façade
principale, de légers rideaux
en lin blanc confèrent à l'espace plus
ou moins d'intimité.

Page de droite : La salle de bain se veut
à la fois sobre, graphique et intemporelle.
Elle crée une rupture avec la douceur
et l'âme de la pierre blanche.

Page 164 : La blancheur des murs
et des draps fait écho à la pureté des
lignes, à la simplicité et la sobriété de cet
espace. Une simple suspension en métal
blanc *Exhaust* de Buster + Punch.

Page 165 : Cette rosace que l'on aperçoit
si petite vue d'en bas, prend toute
sa force à hauteur de regard. Comme
figée dans le temps, elle magnifie
la sobriété de la chambre. Un simple
bout de canapé en bois brulé contraste
sur une peau de mouton immaculée.

TOUTE FORME AUTHENTIQUE D'ART EST,
À SA MANIÈRE, UNE VOIE D'ACCÈS À LA RÉALITÉ LA PLUS
PROFONDE DE L'HOMME ET DU MONDE.

Fra Angelico, peintre

Page de gauche : La lumière blanche de ce contre-jour transfigure la pièce et met en relief les statues de saints qu'elle traverse.
À droite : Dans le réfectoire des sœurs du Mont-Saint-Michel, la lumière orangée d'un matin d'automne embrase l'âtre de la cheminée.

LUMIÈRES

La lumière a toujours eu une signification très profonde et essentielle pour l'être humain. Il n'y a pas de religion qui n'en ait fait un élément clé de sa mythologie, il n'y a pas de civilisation qui ne l'ait célébrée comme un élément assimilable, sinon superposable, au concept même de la vie. La création de la lumière par Dieu le Père est l'une des premières choses que nous lisons dans la Bible. C'est son premier don au monde, la première manifestation visible de Sa Volonté, de Son Essence, parce que là où il y a Dieu, il ne peut plus y avoir d'obscurité. La lumière nous permet de voir, de constater la magnificence du monde créé par Dieu. Sans la lumière, la Création elle-même n'aurait aucune raison d'exister et perdrait une partie de son immense grandeur. Un monde qui ne peut être admiré n'existe pas. En décoration également, la lumière joue un rôle bien plus important qu'il n'y paraît. Elle illumine, réchauffe, vivifie, nourrit et « contamine » les couleurs, qui, baignées, enveloppées et nourries par elle, s'embellissent. Outre sa fonctionnalité première d'éclairer une pièce, elle contribue à créer une ambiance. En jouant avec les sources lumineuses, vous pouvez composer l'atmosphère qui correspond à votre humeur, selon le moment de la journée, tout en mettant en valeur chaque détail. Il y a presque une dimension théâtrale dans le choix des lampes d'une pièce. Le rendu ne sera pas le même, selon que vous choisissiez une suspension, un lampadaire, un spot directionnel ou encore une lampe à poser. Chaque choix que vous ferez aura un impact sur le rendu final. La multiplication des sources lumineuses et des lumières indirectes sera autant de halos apportant calme et volupté. Ils permettront alors de sculpter les espaces, modifiant à volonté la perception des lignes, créant ombres et lumières.

Ci-contre :
Par un jeu de lumière, la simplicité de ce crucifix posé sur un guéridon prend toute sa force.
Page de droite : La lampe *Georgette céleste* de l'artiste Sandrine Tortikian rend hommage à la Vierge Marie, magnifique et lumineuse.

L'hôtel Paradis, l'art et la matière

Pietrasanta, Italie

Surnommée la « petite Athènes », la cité médiévale de Pietrasanta se situe en Toscane sur la route qui relie Gênes à Florence. Elle est célèbre autant pour son art que pour son art de vivre. Proche des carrières de Carrare, la sculpture y est omniprésente et les plus grands, depuis Michel-Ange, sont venus y choisir leurs blocs de marbre. Des personnages comme Miró, César, Dalí, Niki de Saint Phalle, Botero… y ont laissé leur empreinte. C'est donc tout naturellement là qu'Alain Cirelli a voulu s'implanter pour donner vie à son projet hôtelier, avec le vœu de « recréer l'ambiance des grandes maisons de famille italiennes où l'on se sent accueilli comme chez soi ». C'est le pari relevé par Thibaut Julien et son équipe de Point3architecture. De nombreuses et magistrales rénovations plus tard, toutes faites dans le respect de l'architecture d'origine, le *palazzo* renaît et l'hôtel Paradis éclot, un nom certainement prédestiné. Une vision très personnelle s'exprime au travers d'une palette de matériaux naturels : marbre de Carrare, terracotta, céramique, cocciopesto romain et fer martelé, qui se font écrin pour ce projet. Quant aux extérieurs, la végétation, les fontaines, les terrasses ombragées en font un véritable jardin d'Eden. C'est un pari réussi. Un nouveau vent *mid-century* souffle alors sur ce *palazzo* toscan magnifié par une mise en scène contemporaine, où l'art et le design du XXe siècle communient avec des plâtres antiques à l'histoire singulière. Tout droit sortis d'un ancien atelier local, ils ont traversé la cité en procession avec tous les habitants, la famille et tous ceux qui ont collaboré au projet. Une fois sur place, ils ont solennellement été installés pour recevoir la bénédiction de Mgr Don Stefano. L'envie était de recréer un atelier d'artiste en hommage à tous les grands sculpteurs passés par Pietrasanta sur leur route vers Carrare.

Page 171 : Un salon de musique, aussi sobre que contemporain, prend place dans le tourion fortifié du XVe siècle, ancien bastion de la citadelle. Les fauteuils vintages, chinés par le propriétaire, ont été recouverts de tissu Kvadrat, dans la tonalité terracotta de la pierre.

Pages 172-173 : Appuyée aux remparts de la ville, la salle de restaurant se fait aussi lieu d'échange autour de son bar, recouvert de carrelage blanc mat des frères Bouroullec, en écho au blanc poudré des plâtres.

Page de droite : Dès l'entrée, le décor est dressé. Des étagères en bois brut, dans l'esprit de l'atelier d'origine, mettent en scène les plâtres. Une invitation à la contemplation.

J'AI VU UN ANGE DANS LE MARBRE
ET J'AI SEULEMENT CISELÉ JUSQU'À L'EN LIBÉRER.

Michel-Ange, architecte et sculpteur

Pages 176-177 : Des niches éclairées ont été faites sur mesure pour accueillir et mettre en lumière chaque plâtre ancien. Les tables ont toutes été réalisées à partir d'une pierre locale : le *Bardiglio*.

Page 178 : Ici, chaque salle de bain est différente mais toutes sont réalisées dans la palette des teintes chaudes des terres locales, pour reprendre les codes-couleurs toscans.

Page 179 : Un véritable jardin d'Éden, avec ses citronniers d'époque, s'épanouit parmi les vestiges de la cité fortifié.

Page de droite : La décoration de l'hôtel Paradis rappelle sans cesse que nous sommes dans une ville dédiée à l'Art. Les luminaires italiens du XXe siècle font face à un fragment de bas-relief d'église. Une chaise longue vintage se fond dans le décor où les tonalités de pierre communient pour distiller une ambiance d'une grande douceur.

CM
FO
79
CM
LE CORBUSIER
Bacon

Page de gauche : Ingénieux détournement, les propriétaires ont créé d'étonnants rideaux avec d'anciennes chasubles de prêtre, cousues sur des couvertures militaires, elles-mêmes fixées sur des panneaux de toile écrue.
Ci-contre : Vide-poche de Bonnel et Collet édité par la galerie En Attendant les Barbares en 1990.

DÉTOURNEMENT

L'Église catholique a toujours vu dans l'art un formidable outil de catéchèse. Mais, plus encore, l'art donne à nos sensibilités un accès privilégié à l'invisible et au divin. Tout au long de sa longue histoire, l'Église catholique a été un lieu privilégié de production d'œuvres d'art. Elle a toujours encouragé et promu la création artistique comme expression et véhicule de la foi. Dans chaque église, des œuvres d'art de toutes les époques suscitent l'intelligence des fidèles et leur permettent de comprendre les énoncés de la foi. Quel que soit son sujet, l'œuvre d'art produit une lumière spirituelle qui illustre le sujet, illuminant le cœur de celui qui la regarde. Au-delà de l'art, modestes ou somptueux, souvent les deux à la fois, les objets de dévotion constituent les miroirs d'une civilisation. Ils sont outils de médiation dont la seule fonction constante est de relier la terre au ciel, le monde visible au monde invisible. Initialement, ils rappellent leurs devoirs religieux aux habitants et introduisent le sacré dans l'espace domestique. Ils ont un rôle d'assistance à la prière. L'art et ces objets n'ont cessé leurs fructueux échanges au cours des siècles. De tout temps, des artistes se sont laissés inspirer par l'art religieux, par sa beauté et son mystère. Aujourd'hui encore, cet art semble évoluer, comme pour mieux pénétrer et influencer notre vie de tous les jours. De nombreuses œuvres modernes se mêlent à d'autres plus anciennes, religieuses ou pas, pour créer des décors aussi esthétiques que symboliques, voire mystiques. La décoration s'empare également des objets de dévotion du passé qu'elle réinterprète et qu'elle mélange, une manière de faire entrer la spiritualité dans les maisons.

Ci-contre :
Katch, « croix »
en arménien, est le nom
de cette œuvre d'Armand
Tatéossian qui fait
de l'argile le palimpseste
de son histoire et de
sa culture. Elle date de
2015, soit cent ans après
le génocide arménien.
Page de droite :
Dans une ambiance
sobre aux clins d'œil
rétro, cette photographie
de crucifix, réinventé
dans l'argile, est un
double détournement
de l'artiste Olivier Verdon.

L’intemporalité réside dans ce qui est étranger au temps. En décoration, c’est un style qui se veut sobre, simple et minimaliste, de sorte qu’il est et sera toujours d’actualité. Un intérieur intemporel réussi à passer l’épreuve du temps, loin des diktats de la mode et des tendances ! Maîtriser ce style revient à savoir jouer avec des pièces qui existent depuis fort longtemps. C’est l’art de mélanger des meubles classiques, des basiques, des pièces de grands noms du design, des objets de collection et des matières naturelles. On se raccroche esthétiquement à des valeurs sûres pour créer des ambiances qui rassurent car elles nous renvoient à quelque chose de connu, de stable. Comme un fil d’Ariane, les objets de dévotion et les arts sacrés continuent au cours du temps à occuper une place plus ou moins privilégiée dans ces intérieurs.

Intemporel

Une ancienne tannerie royale renaît avec poésie

Occitanie, France

C'est en 2021 que Christèle Ageorges, alors styliste en décoration à Paris, et son mari, Hubert Delance, décident de changer de vie et de poser leurs valises à Lectoure. La nature, l'art de vivre, l'architecture… tout est là ! Ils découvrent un lieu abandonné, l'ancienne Manufacture Royale de Lectoure. C'est un coup de foudre, une révélation. Le projet s'impose de lui-même, le lieu est vaste mais les idées sont là. L'aile de la partie principale sera dédiée à une maison d'hôtes, l'ancienne cave de la manufacture donnera lieu à la création d'un gîte de marcheur et, enfin, ils créeront une maison de vacances dans l'aile ouest ! Après trente années d'abandon et trois de rénovation, le miracle opère et la manufacture royale reprend corps et vie. Reste à lui redonner son âme, chose aisée pour Christèle. Elle veut ne pas trop en faire mais ne rien oublier. L'utilisation de matériaux traditionnels, authentiques et naturels, transfigure le lieu en un endroit propice à la quiétude et au bon vivre. Dans cette maison d'hôtes, on va à la rencontre d'un art de vivre placé sous le signe de la poésie et de l'élégance, en toute simplicité. Le temps est suspendu, le style est subtil, dépouillé et personnel. Les pièces de mobilier design sont sublimées par des murs peints à la chaux, dans une palette de teintes douces et inspirantes aux noms évocateurs. Les volumes sont grands, les matériaux sont nobles, tout est beau dans une absolue simplicité. L'ambiance « intemporelle » devient synonyme de sérénité, d'apaisement et amène à la contemplation comme une sorte de méditation. L'aura de ce lieu, empreint d'une grande douceur, touche au cœur de celui qui y pénètre.

Page 189 : La table de drapier du XVIIe, patinée par le temps, reprend du service dans le hall d'entrée de la manufacture. Une Vierge de Paris en porcelaine et or semble veiller sur le lieu et ses hôtes.

Page 190 : Dans un des salons de la maison, la douceur et la simplicité s'imposent. Chaque pièce est à sa place. Les pique-cierges en bois doré XVIIIe rayonnent sur le mur à la chaux blanc rosé. Les couleurs poudrées de la petite peinture à huile au mur répondent à celle du généreux canapé.

Page 191 : Ici chaque détail a sa place et rien n'est laissé au hasard. Les fougères fanées de rose s'imposent délicatement.

Page 192 : La salle à manger se veut sobre. Les meubles sont authentiques par leurs matériaux mais modernes par leur ligne, le tout est intemporel. Le vert du pot de grès ancien se fond dans le mur de chaux vert cyprès.

Page 193 : Une croix grecque en plâtre doré, souvenir de voyage, semble faire partie du décor. Le papier peint « Au bord du lac », édité par Pierre Frey, nous élève à la rêverie.

Page de droite : Autrefois, les cloches rythmaient la journée de travail à la manufacture. Aujourd'hui elles sonnent d'allégresse et de gratitude pour le bonheur retrouvé, sous l'œil protecteur de Marie et de ses deux angelots au-dessus du toit.

Page 196 : Les murs à la chaux tourterelle, une sellette en bois, un vase XIXe et quelques fleurs séchées, un mélange qui illustre le style de Christèle entre simplicité, élégance, poésie et sobriété.

Page 197 : Un bénitier de Palerme, avec ses motifs à fleur, attend pour être accroché dans l'une des cinq chambres du lieu.

Page de droite : L'escalier sur voûte sarrasine dessiné pour le projet. Les herbes majestueuses sont un cadeau de la nature environnante, dans cette jarre de grès polie par le temps, chinée par la propriétaire dans son village de Lectoure.

Page 200 : L'ancienne cuve à eau de la tannerie, accrochée aux remparts de la ville, s'est vue transformée en un délicat jardin d'hiver, siège de belles et heureuses tablées.

Page 201 : C'est sur les murs des remparts, dans le jardin d'hiver, que Christèle a fait un accrochage de sa collection de bénitiers en porcelaine dorée.

BEAUTÉ, PRÉSENT D'UN JOUR, QUE LE CIEL NOUS ENVOIE.

Alphonse de Lamartine, écrivain

Page de gauche :
Ces petites scènes
peintes à l'huile de
l'artiste Swan Scalabre
mettent en lumière
la vie des nonnes.
À droite : Le portrait
d'un curé de campagne
du siècle dernier
inséparable de celui
de sa servante.

PEINTURES

L'art sacré, lorsqu'il a pu développer toutes ses potentialités, ouvre à quelque chose de l'ordre de la quête spirituelle, nous faisant suivre la voie de la beauté pour ressentir, pour ouvrir les yeux et l'esprit, et pour s'élever spirituellement. Au-delà de leur aspect figuratif et descriptif, ces peintures se chargent de transmettre une émotion, celle de l'artiste, qui va rejaillir sur le spectateur. L'Église, depuis le Moyen Âge, est l'un des principaux commanditaires de tableaux. Raison pour laquelle il existe une exceptionnelle collection de peintures religieuses en Europe. L'architecture des églises et des lieux de culte sert de support à la peinture religieuse qui s'esthétise et se met au service du beau. La peinture religieuse se perpétue, se renouvelle et se réexplore. C'est une source intarissable d'inspiration qui a porté les explorations des techniques picturales durant des siècles.
La peinture religieuse est indissociable de l'évolution de l'histoire de la peinture. C'est ainsi qu'elle continue d'être admirée. Riche de chefs-d'œuvre et des signatures des plus grands, la peinture religieuse nous envoûte, nous fascine. Elle a même dépassé la religion, puisque là où le croyant assouvit sa foi, l'athée étanche sa soif de beauté. Les images religieuses et les tableaux sacrés trouvent une place aujourd'hui dans nos intérieurs. Art sacré ou art moderne, ce sont des peintures qui transmettent des valeurs esthétiques en plus d'une dimension spirituelle. Des œuvres qui apportent un supplément d'âme à nos intérieurs.

Ci-contre : Ce tableau
de la mère de Jésus
accompagnée de saint
Jean, dépouillé
de son cadre, rayonne
sur ce mur bleu
qui rappelle la couleur
de la voute céleste.
Page de droite :
Accumulation de sujets
et d'objets, travaux
en cours dans l'atelier
d'Olivier Verdon.

Un décor en liberté… la beauté de la confrontation

Normandie, France

Revenir au sacré par le biais de sa décoration, c'est redonner du sens à son intérieur, c'est renouer avec le beau et la spiritualité, et se rattacher à quelque chose de tangible qui guide et rassure, comme un lien subtil entre le visible et l'invisible. Car habiter va au-delà des murs, c'est un acte d'ancrage, le fait de demeurer. La maison, quand elle nous ouvre à l'intériorité, nous invite à renouer avec notre monde intime. Mais habiter, c'est aussi vivre l'instant, se rendre attentif aux choses alentours, c'est poétiser le lieu, lui donner de la véracité. Pour ma part, j'ai toujours été fascinée par les intérieurs, la décoration, les ambiances et les associations. Je savais à quel point il était important d'avoir son propre intérieur dans lequel on pouvait s'exprimer librement, marier sans tabou les styles et les époques. C'est bien là tout le secret, à mon sens, d'une décoration personnelle et incarnée. Mon lieu de vie en est le symbole. J'ai pris le temps de l'apprivoiser et de composer en fonction. Personnellement, et parce que c'est mon histoire, je compose avec des objets d'art africain, des meubles anciens que j'associe à des pièces de designer, avec en toile de fond des objets religieux qui me touchent. De chaque objet émane une sensibilité, une émotion, un message à décrypter. Mon credo se décline entre confrontation, mélange et harmonie avec une note spirituelle incontestable. Décorer, c'est avant tout mettre en scène. C'est certainement une obsession due à mon expérience de styliste art de vivre. J'aime composer avec les objets, créer des ambiances avec eux, faire des installations, en bref, raconter une histoire. Et la meilleure façon de la raconter, selon moi, est de mélanger les styles en ne s'interdisant rien. Une façon de parler de soi.

N.D. de COLOMBY

FERNAND NATHAN
MAEGHT ÉDITEUR
LUBA
ARTS DE L'AFRIQUE NOIRE
dans la collection Barbier-Mueller
Werner Schmalenbach
CHRISTIANE FALGAYRETTES LEVEAU
GÜNTER TESSMANN

L'ILLUSTR
Sculptures
AFRIQUE ASIE OCÉANIE AMÉRIQUES
CÔTE D'IVOIRE
MASQUES DU MONDE
L'art BAOULÉ
du visible et de l
SUSAN VOGEL
ADAM BIRO

Page 207 : La Vierge Marie, en plâtre vernissé, et la Joconde, réinterprétée par Vasarely, se répondent dans une symphonie de bleu marial.

Page 208 : Dans le salon, les pièces de designer s'affirment dans un décor ancien, sous le regard solennel d'un jeune saint. Sur le socle miroir, une sainte Thérèse en cire noire, et pourtant si lumineuse.

Page 209 : Parfaite illustration d'un style personnel : un Christ radieux et des candélabres d'hier et d'aujourd'hui déposés sur une console de ma collection de mobilier, avec en toile de fond une tapisserie du XIXe. Un mélange singulier et harmonieux.

Pages 210-211 : Une accumulation de livres d'art, d'objets religieux et africains, qui évoquent un héritage familial croyant et multiculturel.

Page de droite : L'immense cheminée classée du XVe siècle abrite une Vierge noire vêtue d'or, de rouge et de bleu en parfaite harmonie avec une de mes créations en métal thermolaqué.

GYPSET TRAVEL
FRENCH ACCENTS
100 INTERIORS AROUND THE WORLD

Page 214 : Une présence tout en douceur et délicatesse, le Christ en ivoire et sa mère Marie en cire crème se fondent dans la pierre lumineuse de la cheminée.

Page 215 : Dans la salle à manger, un ancien autel d'église en bois peint patiné magnifie la pièce. Le monogramme peint en doré sur le devant signifie « Ave Maria ».

Pages 216-217 : Dans la chambre, tout en camaïeu bleu-vert céladon, le tabernacle acheté avec l'autel d'église apporte un souffle de paix et de sérénité à la pièce.

Page de droite : Paradoxe du passé et du présent. Le temps passe, les styles se succèdent mais toujours la foi demeure. Sur la console *Luna* de Laurence du Tilly, un Christ en pierre du XIXe se dessine sur un vase grappe FLOW en céramique noire.

GYPSET TRAVEL
ASSOULINE
FRENCH ACCENTS
Sarah Lavoine
100 INTERIORS AROUND THE WORLD
100 INTERIORS AROUND THE WORLD

Page de gauche :
Une croix
en verre ciselé
orne le centre
de ce miroir
vénitien.
Ci-contre :
La croix comme
principale
représentation
au centre de ce
prie-Dieu en bois
noirci, époque
Napoléon-III.

CROIX

La croix est un symbole religieux de premier ordre et largement reconnu. C'est au Ve siècle qu'elle s'est imposée au détriment des symboles antiques. Elle évoque la mort du Christ mais aussi sa résurrection : elle est vide, comme le tombeau pascal. La légende rapporte que l'empereur Constantin eut la vision de la croix comme signe de victoire et décida de l'adopter comme étendard. La croix fixée dans sa forme latine devint alors objet d'adoration. D'abord associée à un instrument de torture, celui-là même sur lequel le Christ fut crucifié, elle est devenue un symbole de la victoire sur la mort, de la résurrection, l'un des piliers de la foi chrétienne. Signe de reconnaissance, de recueillement et de ralliement, la Croix de Jésus symbolise le salut de l'humanité.

Au-delà du symbole, la croix exprime aussi la quête d'un parfait équilibre entre verticalité et horizontalité. La verticale nous rappelle que notre vie doit s'orienter vers plus haut, plus grand que nous, elle nous invite à nous dépasser. L'horizontale nous ouvre au partage et à nous concevoir uniquement en relation avec les autres. Les croix et les crucifix ont été beaucoup délaissés, voire abandonnés. Ils retrouvent aujourd'hui leurs lettres de noblesse et font leur retour dans notre décoration. En bois, en plâtre, en tissu, en perles, en crochet, fleuris… on aime leur design épuré qui nous ramène à l'invisible et à ce sentiment de protection.

Ci-contre et ci-dessus :
La croix, représentée sous différentes formes, est une bénédiction pour la décoration.
Page de droite :
Une coiffe ancienne surmontée d'une croix pour couronner la Vierge Marie, Reine du ciel.

La maison de nos souvenirs d'enfant

Occitanie, France

À l'origine de ce projet, il y a une envie, un rêve, un vœu… Celui de créer la maison de vacances des souvenirs de son enfance, créer un lieu de rassemblement et de partage, un espace privilégié pour accueillir la famille et les amis de passage dans l'enceinte de ses murs protecteurs, un volume à remplir de rires, de discussions enflammées, de moments partagés, de secrets chuchotés, d'odeurs de cuisine… L'âme du lieu tient non seulement à son caractère convivial et fédérateur, mais elle réside aussi dans le choix des objets qui constituent la mémoire du lieu. Là encore, les mobiliers du passé et du présent s'harmonisent, comme le feraient plusieurs générations d'une même famille. La maison de vacances doit avant tout être facile à vivre et c'est chose entendue à la Maison Lectoure. Christèle a réuni dans les moindres détails tous les codes des maisons de vacances familiales et amicales. La demeure est vaste mais on ne s'y perd pas, les pièces sont grandes, permettant à chacun de retrouver son intimité le temps d'un instant. Chaque chambre est pensée comme une suite afin que chacun puisse être indépendant pour mieux se retrouver. La pièce de vie est spacieuse avec plusieurs coins salon et une immense table pour échanger lors des repas. La cuisine, pièce de vie à part entière, est ouverte sur le salon pour que personne ne se sente délaissé. Les espaces de circulation sont fluides pour laisser aller et venir les hôtes au fil des heures de la journée. Quant aux couleurs utilisées, elles sont plus prononcées, gaies, lumineuses et entraînantes. Les tons terracotta, vert feuillage, rose terre, gris nuage et jaune maïs font tous écho à la nature environnante et enveloppante.

Page 225 : Un des espaces salon avec ses couleurs soutenues qui éclatent et teintent joyeusement l'ambiance. Un tapis kilim de chez ELITIS amène une palette de couleurs à la fois fortes et enterrées. À droite, un petit banc de prière en paille.

Pages 226-227 : Une immense table, faite sur mesure dans l'esprit de celle des couvents, permet à toute la maisonnée de se retrouver pour des instants inoubliables. Le mur à la chaux vieux rose délavé donne une sensation d'enveloppement et de protection.

Page de droite : Un pique-cierge ancien en bois noirci apporte une présence et nous rappelle à la gratitude de ces moments partagés.

Pages 230-231 : L'arrondi des formes de la structure de l'escalier, entièrement enduit à la chaux colorée, participe à l'ambiance générale.

Page 232 : Ces détails qui font toute la différence : les fleurs fraîches et sauvages sont présentes comme une attention particulière pour les hôtes.

Page 233 : Les salles de bain sont vastes et baignées de lumière, tout comme le reste des pièces de la maison.

Page de droite : Les salles de bain sont à l'ancienne, à l'image des cellules de pensionnat, mais avec tout le confort de vastes douches à l'italienne. Les robinets ont été dessinés et réalisés en prolongement de la tuyauterie de cuivre.

Page 236 : Les chevets sont en rotin et les liseuses en porcelaine, comme dans les souvenirs d'enfance. Simplicité et petit air suranné qui convient au temps léger et insouciant des vacances.

Page 237 : Un Christ en croix, entièrement brodé en fils d'or, éclate de mille feux sur le mur en planches de bois d'un blanc immaculé.

CHERCHEZ À COMPRENDRE LE DERNIER MOT
DE CE QUE DISENT, DANS LEURS CHEFS-D'ŒUVRE,
LES GRANDS ARTISTES, LES MAÎTRES SÉRIEUX,
IL Y AURA DIEU LÀ DEDANS.

Vincent van Gogh, peintre

Crédits photographiques

Toutes les photographies de ce livre sont de Laurence du Tilly, à l'exception de celles reproduites aux pages suivantes :
p.6-7 © Loïs Moreno ; p.12-13 © Francis Amiand ; p.16-29 © Guillaume Grasset ; p.30-31 © Nicolas Mathéus et Laurence Dougier ; p.32 © Alexandra Meurant ; p.35-47 © Nicolas Mathéus et Laurence Dougier ; p.48 © Franck Schmidt ; p.49 © Marie-José Jarry ; p.50 (hd) © Isabelle Ducat ; p.53-61 © Nicolas Mathéus et Laurence Dougier ; p.72 © Pedro Blanco Gutierrez / iStock ; p.74 © Katarzyna Bialasiewicz / iStock ; p.92 © Delphine Constantini ; p.94 (h) © Frenchie Cristogatin ; p.94 (bg) © Delphine Constantini ; p.95 © Alexandra Meurant ; p. 99-107 © Franck Schmidt ; p.108 (h) © Marie-José Jarry ; p.108 (bd) © Isabelle Ducat ; p.109 © Franck Schmidt ; p.124 © Loïs Moreno ; p.126 (hd) © Franck Schmidt ; p.126 (hg et b) © Marie-José Jarry ; p.129-135 © Alexandra Meurant ; p.137 © Boris Guilbert ; p.138 (hd) © Sandrine Tortikian ; p.138 (b), p.139 © Franck Schmidt ; p.143-147 © Frenchie Cristogatin ; p.148 © Loïs Moreno ; p.153-165 © Guillaume Grasset ; p.166 © Alexandra Meurant ; p.169 © Sandrine Tortikian ; p.171-181 © Architecte : Point3architecture / Décorateur : Thibaut Julien / Photographe : Filippo Bamberghi ; p.182 © Nicolas Mathéus et Laurence Dougier ; p.183 © Isabelle Ducat ; p.184 © Rocco Dimondo ; p.185, p.205 © Olivier Verdon ; p.220, p.222 (haut), p.223 © Franck Schmidt ; couverture : © Nicolas Mathéus et Laurence Dougier.

Remerciements

Cet ouvrage est avant tout un livre de rencontres et d'échanges sur des sujets qui me passionnent et sont au cœur de mon quotidien : le Beau, la Décoration et la Spiritualité.

Merci à la maison d'édition E/P/A (Hachette) de m'avoir fait confiance pour ce projet et tout particulièrement à mon éditeur, Boris Guilbert, pour son accompagnement et son aide précieuse.

Merci à tous ceux qui figurent dans le livre et qui m'ont livré, à cette occasion, une partie intime d'eux-mêmes avec authenticité et confiance.

Merci à ceux qui m'ont ouvert leur porte avec simplicité et délicatesse afin que je puisse prendre les photos de leur intérieur.

Merci à tous les photographes qui m'ont partagé leurs images avec enthousiasme parce qu'ils ont cru au projet.

Merci mon Dieu de m'avoir donné l'inspiration, de m'avoir guidé pour continuer à transmettre ce qui m'anime au quotidien.

Laurence du Tilly

L'éditeur adresse un remerciement particulier à Rocco Dimondo pour son aide.

Page de droite : Les tables basses de Laurence du Tilly se fondent à merveille dans ce décor grâce à leur ligne sobre, épurée et intemporelle. Leur couleur répond à celles des vitraux dans un échange silencieux.

Direction : **Ariane Lainé-Forrest**
Responsable éditorial : **Boris Guilbert**
Création graphique : **Isabelle Ducat**
Relecture : **Simon Bertrand**
Fabrication : **Amélie Moncarré**
Photogravure : **IGS, France**

Ventes directes et partenariats
dlichiardopol@hachette-livre.fr
Relations presse
epa@hachette-livre.fr

Édité par E/P/A
58, rue Jean-Bleuzen
92179 Vanves Cedex

Achevé d'imprimer en Espagne
en septembre 2023 par Estella Graficas
Dépôt légal : novembre 2023
9782376714361
7735589